AYITI GEN PITIT

Yon Koleksyon Pwezi ki Pale Doulè, Kouraj, ak Lanmou Pou tè Natif Natal Nou

RASANBLE PA DR. BETTY FORTUNAT
An kolaborasyon ak vwa Ayisyen toupatou

Dwa Rezève / Copyright

© 2025 Dr. Betty Fortunat & Otè Kolektif

Tout dwa rezève.

ISBN 979-8-9893148-8-1

Droits Réservés / Copyright

© 2025 Dr. Betty Fortunat & Auteurs Collectifs

Tous droits réservés.

ISBN 979-8-9893148-8-1

Ce livre est une collection d'œuvres littéraires originales signées par plusieurs enfants d'Haïti. Qu'ils soient issus du pays ou de la diaspora, ils ont uni leurs voix pour rendre hommage à leurs racines durant le mois de mai, consacré au patrimoine haïtien.

Chaque poème, texte ou réflexion est la propriété intellectuelle de son auteur respectif, et tous sont protégés par les lois sur le droit d'auteur des États-Unis ainsi que par les lois internationales.

Aucune partie de ce livre ne peut être copiée, modifiée ou distribuée, que ce soit sous format papier ou électronique, sans l'autorisation écrite de l'éditrice principale ou de l'auteur concerné.

Toute utilisation non autorisée constitue une violation grave des droits moraux et légaux des auteurs.

Pour toute demande de permission, de collaboration ou de renseignements concernant l'utilisation du contenu, veuillez contacter Dr. Betty Fortunat.

Cette collection est publiée aux États-Unis par **Fortune Ink Publishing**, également connue sous le nom de **MyPinga Publishing**, une filiale de **Fortunately Femmes Inc.**

Liv sa a se yon koleksyon travay literè orijinal ki pote siyati plizyè pitit Ayiti. Yo sòti anndan peyi a ak nan dyaspora a; yo mete vwa yo ansanm pou rann omaj ak rasin yo pandan mwa me a, ki se mwa Eritaj Ayisyen. Chak pwezi, tèks, ak refleksyon se pwopriyete entèlektyèl chak otè, epi yo tout pwoteje anba lalwa sou dwa otè Ozetazini ak entènasyonalman.

Okenn pati nan liv sa a pa dwe kopye, modifye, ni distribye, swa sou papye oswa elektwonikman, san pèmisyon alekri editè prensipal la oswa otè ki konsène yo.

Nenpòt itilizasyon san otorizasyon se yon vyolasyon grav dwa moral ak legal otè yo.

Pou pèmisyon, kolaborasyon, oswa repons konsènan itilizasyon kontni an, tanpri kontakte Dr. Betty Fortunat.

Koleksyon sa a pibliye Ozetazini pa Fortune Ink Publishing, ke yo konnen tou sou non MyPinga Publishing, yon afilye Fortunately Femmes Inc.

CONTENU/ TABLO KONTNI

Introduction 5
Entwodiksyon 8
Poème Numéro 1/ Pwezi Nimewo 1 16
Poème Numéro 2/ Pwezi Nimewo 2 19
Poème Numéro 3/ Pwezi Nimewo 3 24
Poème Numéro 4/ Pwezi Nimewo 4 28
Poème Numéro 5/ Pwezi Nimewo 5 31
Poème Numéro 6/ Pwezi Nimweo 6 35
Poème Numéro 7/ Poem Nimewo 7 39
Poème Numéro 8/ Pwezi Nimewo 8 42
Poème Numéro 9/ Pwezi Nimewo 9 45
Poème Numéro 10/ Pwezi Nimewo 10 48
Poème Numéro 11/ Pwezi Nimewo 11 51
Poème Numéro 12/ Pwezi Nimewo 12 54
Poème Numéro 13/ Pwezi Nimewo 13 57
Poème Numéro 14/ Pwezi Nimewo 14 61
Poème Numéro 15/ Pwezi Nimewo 15 64
Poème Numéro 16/ Pwezi Nimewo 16 68
Poème Numéro 17/ Pwezi Nimewo 17 71
Poème Numéro 18/ Pwezi Nimewo 18 75
Poème Numéro 19/ Pwezi Nimewo 19 78
Poème Numéro 20/ Pwezi Nimewo 20 82

INTRODUCTION

Haïti, tu n'es pas seulement un pays sur une carte — tu es une mère. Une mère qui a donné à l'humanité une leçon de liberté.

Ce livre n'est pas simplement une collection de poèmes — c'est la voix d'un peuple, le cri d'une nation, le souffle d'une mère.

L'image sur la couverture n'est pas là uniquement pour sa beauté: elle est une poésie visuelle, un cri collectif, la mémoire d'une nation.

La chaîne brisée représente à la fois la douleur et l'espoir. Elle raconte l'histoire d'Haïti qui s'est levée contre l'esclavage, mais elle rappelle aussi les chaînes qui la retiennent encore aujourd'hui — la faim, la peur, la violence, le silence.

La chaîne est rompue, mais elle n'a pas disparu. Elle a laissé ses marques sur notre peau.

Elle est l'image de l'esclavage officiel d'hier et de l'injustice rampante d'aujourd'hui. Cette chaîne, ce sont toutes les morsures invisibles qui enchaînent Haïti : trahison, corruption, violence, terreur, etc.

La terre est sèche comme une croûte de pain, fendue comme le ventre d'une mère qui enfante la souffrance. Elle ne produit plus de récolte, elle est devenue un cimetière de rêves. Elle est ouverte pour accueillir le sang, au lieu des semences.

Les oiseaux noirs symbolisent le deuil suspendu au-dessus de la tête d'une mère qui a perdu ses enfants.

Ils portent le silence, ils portent un cri qui ne sort jamais.

Ce sont des messagers de la mort — pas seulement la mort du corps, mais celle des rêves, de la joie, de l'espoir. Dans ce pays, la vie s'efface. La mère serre la ceinture, mais c'est son cœur qui saigne.

Ces oiseaux noirs ne sont pas de simples oiseaux : ils sont les esprits des disparus sans nom, les victimes du kidnapping,

les marchandes qui n'osent plus sortir, les jeunes contraints à l'exil, les politiciens aux yeux brillants qui oppressent, une nation entière qui meurt debout, en deuil d'elle-même.

Quand vous voyez ces oiseaux voler au-dessus d'Haïti, ne les prenez pas seulement comme de mauvais présages — voyez-les comme un appel :

Haïti se meurt. Elle a besoin que ses enfants se souviennent, qu'ils pleurent, qu'ils se lèvent… et qu'ils agissent.

Le ciel n'est pas complètement noir — il y a une lumière douce, quelque part au loin, derrière les oiseaux noirs, derrière les chaînes.

Cette lumière, même fragile, est un symbole d'espoir.

L'espoir que chaque enfant d'Haïti garde en lui, même en exil, même à distance.

Un lendemain peut encore naître, si nous continuons à parler.

Le ciel, avec cette lumière qui perce l'obscurité, ce n'est pas qu'un simple soleil — c'est **la main de Dieu qui se tend.**

C'est Lui, la seule solution quand toutes les portes sont fermées, quand les autres peuples détournent le regard.

Cette lumière peut représenter la grâce divine, les prières qui ne se perdent jamais, un regard de Jésus posé sur ses enfants.

Mais elle peut aussi signifier qu'il est temps de revenir à nos racines, de nous souvenir de la force de nos ancêtres, de Saint Jean Baptiste, de Manman Brigitte, de nos origines.

La lumière de nos ancêtres, qui ne nous abandonnera jamais complètement.

Cette mère, Haïti, n'est pas seulement une terre:

elle est tout ce que nous sommes.

Elle est la source des révolutions, la mère de l'espérance, la mère de toutes les nations qui ont un jour rêvé d'être libres.

Même quand l'espoir semble mort, **elle nous garde vivants dans son cœur.**

Ce livre est dédié à Haïti.

À tous ses enfants.

À chaque aile qui bat, à chaque chaîne qui se brise.

Nous offrons cette collection de poèmes comme le cri de notre cœur, en hommage à toi, notre mère, Haïti.

Que chaque mot, chaque vers, chaque soupir soit une lanterne allumée sur tout ce que tu es… et tout ce que tu peux redevenir, Haïti.

Tu es notre mère.

Tu coules dans notre sang.

Nous ne t'oublierons jamais.

ENTWODIKSYON

Ayiti, ou pa sèlman yon peyi sou kat jeyografik— ou se manman. Manman ki te bay limanite leson sou libète. Liv sa a pa sèlman yon rasanbleman powèm — li se vwa yon pèp, kri yon nasyon, ak souf yon manman.

Imaj sou kouvèti a pa senpleman bèlte; se yon pwezi vizyèl, se yon kri kolektif, se memwa yon nasyon.

Chenn kase a se doulè ak lespwa. Li rakonte listwa Ayiti ki leve kont esklavaj, men li raple tou de chenn ki toujou mare li jodi a — grangou, pè, vyolans, silans. Chenn lan kase men li pa disparèt, li kite mak sou po nou. Bay kou bliye, pote mak sonje! Li se lesklavaj ki te ofisyèl, e enjistis ki toujou ap vale teren an silans. Chenn lan se tout rat mòde soufle yo ak tout sa k'ap kenbe Ayiti pa do: trayizon, koripsyon, vyolans, laperèz, elatriye.

Tè a sèk kon yon ke pen, li fann tankou vant manman ki akouche soufrans; li pa bay rekòt ankò. Li tounen simityè rèv. Li blayi pou resevwa san olye de grenn.

Zwazo nwa yo senbolize vwal dèy sou tèt yon manman ki pèdi pitit li. Yo pote silans, yo pote kri ki pa janm soti. Yo se mesaj ki sòti nan lanmò, yon lanmò ki pa sèlman pou kò, men pou rèv, pou lajwa, pou lespwa. Nan peyi a, **pa gen lavi ankò**; manman pitit mare ren, se plenn nan kè.

Zwazo sa yo pa senp zwazo — se lespri moun ki mouri san non, se tout moun ki disparèt anba kidnapin, se machann ki pè sòti, se jèn ki egzile; politisyen je pete klere kap domine; Se nasyon an antye ki mouri debou, k'ap fè dèy tèt li. Lè ou wè zwazo nwa yo ap vole anwo tèt Ayiti, pa panse se move presaj sèlman — se yon rapèl ke **Ayiti ap mouri,** li bezwen pou tout pitit li yo sonje, kriye, mobilize, leve kanpe… epi fè yon bagay.

Syèl la pa konplètman fè nwa — gen yon limyè dou ki ap sòti pi lwen, dèyè zwazo nwa yo, dèyè chenn lan. Limyè sa a, menm si li fèb, se senbòl espwa. **Lespwa chak pitit Ayiti kenbe,** menm si yo ale, yo gade dèyè. **Yon demen ki ka leve,** si n kontinye pale.

Syèl la, ak limyè dou ki rache fènwa a, se pa jis solèy — se men Bondye k'ap lonje soti. Se li menm ki sèl solisyon, lè tout lòt pòt fèmen, lè tout lòt pèp vire do. Limyè sa a ka senbolize **gras Bondye, priyè ki pa pèdi yo, yon je Jezi ki toujou sou pitit li yo.**

Men li ka tou vle di nou bezwen **retounen nan rasin nou,** sonje fòs zansèt yo, sonje Sen Jan Batis, Grann Brijit, sonje kote nou soti. **Limyè zansèt yo,** ki p'ap janm kite nou nèt pou kont nou.

Manman sa a, Ayiti, se pa sèlman tè; se tout sa nou ye. Li se sous revolisyon, manman lespwa, manman tout nasyon ki te janm reve lib. Menm lè lespwa sanble mouri, li kenbe nou vivan nan kè'l.

Nou dedye liv sa a pou Ayiti. Pou tout pitit li yo. Pou chak zèl k'ap vole, pou chak chenn k'ap kase. **Nou ofri koleksyon powèm sa a kòm kri kè nou, yon onè pou ou, manman nou, Ayiti. Ke chak mo, chak vès, chak soupir sèvi kòm yon lanp limyè pou tout sa ou ye epi tout sa ou kapab tounen ankò Ayiti.**

Ou se manman nou. Nou pote ou nan san nou. Nou pa janm bliye w.

REMERCIEMENTS

Cet appel du cœur n'aurait jamais pu voir le jour sans l'amour, le talent et le dévouement de nombreuses personnes qui ont uni leurs forces pour donner naissance à cette collection — *Ayiti Gen Pitit*.

Ce n'est pas seulement un recueil de poèmes, mais un monument vivant, dressé en hommage à Haïti à l'occasion du Mois du Patrimoine Haïtien.

Un merci tout particulier à tous les participants, qui avec des mots poignants et des cœurs sincères, ont mis en lumière les réalités, les douleurs et les beautés de notre pays.

Chaque voix, chaque vers, chaque soupir a transformé cette œuvre en un battement de cœur national.

Nous saluons avec fierté les artistes invités, qui ont apporté couleurs, rythme et vibrations culturelles à chaque page. Ils ont ravivé la flamme dans les yeux de la poésie.

Un profond respect aux membres du jury, pour leur jugement juste, profond et empreint de conscience. Sans eux, cette sélection n'aurait pas pu refléter toute la diversité et la richesse de nos paroles.

Dans l'ombre, il y avait aussi des héros, peu visibles mais porteurs de lumière :

Beatrice Pierre Jean, tu es le pilier central.

Soldat_R, tu as insufflé l'esprit et le rythme.

MystePi, tu as mis de l'ordre dans le chaos et de la lumière dans l'obscurité.

Dor Micheal, tu es support et vision.

Lyah Washington, tu as apporté sensibilité et détermination.

Yerlie Joseph, tu as offert élégance et créativité.

Queen Beauty, tu as déposé fierté et effort à chaque étape.

Abigaelle, ta voix fut le sel au cœur de la nuit — elle nous a donné espoir et émotion vivante.

Sans vous, ce livre n'existerait pas.

Sans vous, ces mots n'auraient pas trouvé de refuge.

Puisse chaque poème, chaque oiseau, chaque cri, chaque douleur et chaque rêve gravés sur ces pages témoigner de l'amour profond que nous portons à Haïti — car ses enfants sont encore là.

REMESIMAN

Rale sa a pa t ka fèt san lanmou, talan, ak devouman anpil moun ki te mete men ansanm pou akouche koleksyon sa a — *Ayiti Gen Pitit*. Se pa sèlman yon liv pwezi, men yon moniman vivan, ki leve tèt pou Ayiti pandan mwa Eritaj Ayisyen an.

Mèsi espesyal pou **tout patisipan yo**, ki ak kè sensè ak mo pike, mete limyè sou reyalite, doulè, ak bèlte peyi nou. Chak vwa, chak vès, chak soupi, fè koleksyon sa a vin tounen yon batman kè nasyonal.

Nou leve chapo nou byen wo pou **atis envite yo**, ki pote koulè, rit, ak vibrasyon kiltirèl sou chak paj. Yo mete flanm nan je pwezi a.

Bay **manm jiri yo** gwo respè pou jijman yo ki te jis, pwofon, avèk konsyans. San yo, pa t ap gen seleksyon ki reflete tout divèsite ak richès pawòl nou.

Dèyè sèn nan, nou jwenn ewo ki pa toujou sou limyè, men ki pote limyè a:

Beatrice Pierre Jean, ou se poto mitan.

Soldat_R, ou mete lespri ak ritm.

MystePi, ou se lanmou ak vizyon.

Dor Micheal, ou mete lòd nan dezòd ak limyè nan fènwa.

Lyah Washington, ou pote sansiblite ak detèminasyon.

Yerlie Joseph, ou pote klas ak kreyativite.

Queen Beauty, ou mete jefò ak fyète sou chak etap.

Abigaelle, chante w se te sèl nan mitan fènwa, li ba nou lespwa ak emosyon ki vivan.

San nou, pa t ap gen liv. San nou, mo sa yo pa t ap jwenn kay pou yo repoze.

Se pou chak pwezi, chak zwazo, chak krik, chak doulè ak chak rèv sou paj sa yo, sevi kòm temwanyaj pou lanmou nou gen pou Ayiti — pitit li yo toujou la.

REMERCIEMENTS SPECIAUX A MON ÉPOUX – HANSLY

Un immense merci du fond du cœur à toi, Hansly — mon mari, mon partenaire, ma moitié, mon allié dans tous les combats de la vie.

Tu ne t'es pas contenté de me soutenir avec amour — tu t'es entièrement investi, avec ton temps, ta tête et ton cœur, dans ce projet.

Tu as été à la fois conseiller, chauffeur, technicien, collaborateur, et réconfort lorsque le découragement menaçait l'espérance.

Tu es le pilier silencieux derrière mes forces — sans toi, rien n'aurait été pareil.

Tu m'as soutenue quand le poids du travail devenait trop lourd, tu as rallumé la lumière chaque fois que le doute voulait m'envelopper d'obscurité.

Merci pour chacun des rôles que tu as remplis avec tout ton cœur, pour chaque sacrifice accompli sans bruit, et pour ton amour inébranlable.

Ce projet n'aurait pas eu la même espérance, la même direction, ni le même succès sans toi.

Tu es présent dans chaque page de ce livre.

Je t'aime, Hansly — jusqu'au bout.

REMÈSIMAN ESPESYAL POU MARI MWEN – HANSLY

Yon gwo mèsi soti nan fon kè mwen pou ou, Hansly, mari mwen, parèy mwen, mwatye mwen, alye mwen nan tout batay lavi a. Ou pa t sèlman sipòte m ak lanmou — ou te mete tèt ou, tan ou, ak kè ou nan pwojè sa a.

Ou te konseyè, chofè, teknisyen, kolaboratè, ak rekonfò mwen lè dekourajman te vle anvayi lespwa. Ou se bwa dèyè bannann mwen — san ou, bagay yo pa t'ap menm jan an. Ou te kenbe m kanpe lè pwa travay la te twò lou, ou te limen limyè a chak fwa dout te vle lage m nan fè nwa.

Mèsi pou chak wòl ou jwe ak tout kè ou, pou chak sakrifis ou fè san bri, e pou lanmou ou ki pa janm febli.

Pwojè sa pa t'ap gen menm lespwa, menm direksyon, ni menm siksè a san ou. Ou fè pati chak paj nan liv sa a.

Mwen renmen ou, Hansly — jiskobou

POÈME NUMERO 1/ PWEZI NIMEWO 1

Ce poème est une lettre poignante d'un fils dévoué à sa mère-patrie, Haïti, qu'il appelle tendrement *Man Titi*. Le poète exprime sa douleur face aux souffrances de son pays, causées en grande partie par ses propres enfants : divisions, conflits, instabilité politique et corruption. Il déplore la perte d'image et de dignité qui pousse même les étrangers à mépriser Haïti.

Malgré cette tristesse, le poème déborde d'amour et de nostalgie. L'auteur se souvient avec tendresse des goûts, des senteurs, des traditions haïtiennes — le café, le pikliz, les rivières, les repas partagés. Il affirme que même s'il a dû partir pour survivre, son cœur reste avec elle.

En conclusion, il renouvelle son engagement et son amour inconditionnel. Peu importe la distance ou les difficultés, Haïti restera pour lui *Man Titi* — sa mère bien-aimée, digne d'amour et de respect.

MAN TITI (MANMAN M AYITI)

Bonswa Man, yon lòt fwa ankò men pitit gason w

Ki vini nan lakou w, tande plent e sonnen ason w.

Mwen konnen frèm ak sè m yo pa manke souflete w

Men, mwen vle w konnen souf mwen la pou soufle te w.

Mwen pa pral nye jan nou maltrete w e fè w wont

Nan batay san rezon tankou se 2 peyi ki nan kont.

Nou divize sou eritaj ou e menm di nap goumen pou bèl

Sa lakòz ou pèdi imaj ou e fè zòt rive pran w pou poubèl.

Nou reve eleksyon, san kandida nou te vle gen K.E.P

Gon pati ki kanpe an mèt beton, yo pran yon K Epi yo P.

Paske, sou mwen, mwen vle enpinite sispann koule bave

Pou nan dlo santi koripsyon avni pèp sa sispann lave.

Man, mwen vle w konnen nou pa byen lè nou lwen w

Anpil nan nou ale se pou nou ka tounen pran swen w.

Anyen pa ranplase fòs yon bon kafe ak chalè yon bon pikliz

Bon akasan nan fèy ak bèl rivyè ki gen gengenn pou nou tiz.

Mwen pap twò long, fòk gason w al bouske lavi l

Bil pa bò isit pa dous, ou pata di bourad anba lavil.

Men kenbe fèm tande, jou a la e pa janm bliye non w se AYITI

Lanmou m pou ou pap chanje, pou mwen w ap toujou Man Titi.

Amédée Erns Baptiste

POÈME NUMERO 2/ PWEZI NIMEWO 2

Ce poème vibrant et profondément émouvant est une déclaration d'amour à Haïti — un hommage sincère, empreint de douleur, de nostalgie, mais surtout d'attachement inconditionnel. L'auteur y personnifie Haïti comme une femme : imparfaite, blessée, mais magnifique et irremplaçable.

À travers des images fortes, le poète évoque la chaleur du soleil, la fraîcheur d'un ruisseau, les sourires des femmes des marchés, les plats typiques, et les souvenirs d'enfance. Haïti est une terre de contrastes : elle fait souffrir, mais elle fait aussi grandir. Elle est cette douleur qui fait pleurer, mais aussi cette flamme qui fait vivre.

Le poème rend hommage au drapeau haïtien — non comme un simple tissu, mais comme un symbole de luttes, de sang versé, de résistance et d'espoir. Le 18 mai, jour du drapeau, est présenté comme un battement de cœur national, un rappel vivant des sacrifices des ancêtres et de la fierté d'un peuple qui ne meurt jamais.

Malgré les souffrances actuelles — les crises, la pauvreté, l'exil — le poète insiste : Haïti est toujours debout, portée par ses enfants, ceux qui se souviennent, ceux qui l'aiment. Même loin, Haïti vit dans chaque battement de cœur, dans chaque sourire d'enfant affamé, dans chaque rêve repoussé sous la poussière.

Le poème se termine par une déclaration simple et puissante: **Je t'aime, Ayiti chérie.**

AYITI CHERI

Ou se chalè solèy kap chofem

Ou se melodi van ki pase sou mòn yo.

Ou se ti gout dlo fre nan mitan solèy midi m

Ou se ti souri fanm k ap vann kè kontan anba lavil malgre lavi a di

Ou fè m reflechi, ou fè m sonje, ou fòse m grandi.

Ou fè m rele, men ou fè m renmen'w plis toujou

Mwen pa bezwen ou pafè…

M bezwen ou viv, mwen bezwen ou santi ke w enpòtan.

Ou se rasin mwen, ou se limyè mwen, ou se tout sa mwen ye.

Cheri mwen, peyi mwen…

Mwen la pou ou. Pa janm bliye sa

18 Me kè'm bat pi fò pou ou.

Pa paske se fèt drapo,

Men paske se ou menm ki mete koulè sou tout rèv mwen ayiti cheri Ou se fanm mwen pap janm sispann renmen avèk tout mak ou yo, ak tout bèl bagay ou kenbe an silans.

Ou se limyè solèy la ki manyen po mwen chak maten,

Ou Se balad lanmou mwen

Se bri lanmè w ki chante pou mwen dòmi chak swa.

Ou se flanm dife ki boule

E an menm tan ou se chalè ki fè kè mwen viv.

Ou fèm ri, ou fèm kriye,

Mwen vin pi fò toujou

Ou se tout lanmou mwen,

Ou se tout lespwa mwen,

Nan ble ak wouj ki flote anlè tèt nou an

Gen pawòl zansèt nou yo ki pap janm mouri.

Gen dlo, gen san, gen soufrans,

Men gen fyète, lanmou, ak limyè ki klere avni nou

18 Me, se pa sèlman yon dat sou papye,

Se batman kè tout Ayisyen ki konnen sakrifis.

Se flanm kouraj nan je Desalin,

Se sous espwa pou tout jenerasyon.

Drapo nou pa fèt ak twal sèlman,

Li fèt ak rèv, ak lagè, ak viktwa,

Li chaje vwa moun ki leve,

Ki di wi pou libète,

Ki di WI pou diyite.

Anba solèy cho nan Karayib la,

Nou leve tèt nou wo,

Paske nou soti nan yon ras ki pa janm bese ki pa janm pèdi menm le nou febli nap leve

Ayiti… ou se doulè m, men ou se tout lanmou mwen pa vle pèdi

Ou se mo mwen pa ka di san vwa mwen pa tranble.

Ou se bèlte brizem ou se espwa ki konn dòmi anba pousyè.

Men ou la… toujou.

Mwen wè ou sou figi timoun ki pa manje,

Men ki toujou souri ak dan blan tankou zetwal

Ayiti, ou fè m soufri.

Men ou se sèl fanm ki fè m santi mwen ap viv vre.

M ka ale lwen, mwen ka eseye bliye w…

Men chak batman kè m se son ou, se non ou, se lanmou'w

Ou soufri anpil cherim nan

Ou tounen teren dife ak boulvès

Ou pa menm gen tan pou respire avan malè vin frapew ankò.

Ayiti.

nou se grenn sab ki kenbe w sou pye Nou se kè k'ap bat pou ou menm lè tout bagay tèt anba, nou pa bliye w, nou pa lage w

Ayiti cheri nou renmenw

Ou se tout sa m te vle genyen, tout sa m pa anvi pèdi.

Je t'aime Ayiti cheri

ZEN PROMO

POÈME NUMERO 3/ PWEZI NIMEWO 3

Ce poème trace un contraste poignant entre l'Haïti d'autrefois et celle d'aujourd'hui. L'auteur évoque avec nostalgie un passé idyllique : une Haïti verdoyante, fertile, paisible, née du sang et du courage des ancêtres qui ont conquis la liberté. C'était un temps d'espoir, de fierté et de prospérité.

Mais le présent est marqué par le désenchantement : la nature appauvrie, la sécheresse, les catastrophes naturelles, les troubles politiques et l'exode massif de la population. L'Haïti d'aujourd'hui est blessée, affaiblie, mais elle tient encore debout grâce à la résilience et au courage de son peuple.

Malgré les épreuves, l'esprit haïtien ne meurt pas. La culture, la langue, la foi et les traditions demeurent vivantes. Le poème se termine sur une note d'espoir : si tous les fils et filles d'Haïti unissent leurs forces, le pays peut se relever, plus fort et plus beau.

C'est un hommage à la résistance du peuple haïtien et un appel vibrant à l'unité pour reconstruire une Haïti meilleure.

AYITI DANTAN AK AYITI KOUNYA

Ayiti dantan, yon paradi vèt,

Pyebwa kouvri mòn yo jouk nan tèt,

Larivyè yo t'ap koule dous,

Jaden yo t'ap bay manje an tous.

Lè sa a, nasyon an te fenk fèt,

Li te leve kanpe, yon jan ak fyète,

Zansèt yo te goumen pou libète,

Ak san yo, yo te kreye yon peyi.

Men tan an pase, bagay yo chanje,

Mòn yo vin toutouni, pyebwa yo disparèt,

Tè yo vin sèk, pa bay bon rekòt,

Lavi vin pi di chak jou ki pase.

Kounya, Ayiti ap soufri anpil,

Dezas natirèl, pwoblèm politik,

Moun k'ap kite peyi a an mas,

Pou y al chache lavi yon lòt kote.

Men nanm pèp la toujou rezistan,

Menm nan mitan tout mizè a,

Yo kenbe fèm, yo pa lage,

Yo kontinye chante, yo kontinye danse.

Ayiti kounya, yon peyi blese,

Men ki refize tonbe atè nèt,

Yon peyi ki kenbe nan tradisyon li,

Nan mizik li, nan lang li, nan fwa li.

Ant Ayiti dantan ak Ayiti kounya,

Gen anpil diferans ki fè kè nou mal,

Men toujou gen espwa pou demen,

Si nou tout mete men, n ap rebati l ankò.

Pèp la gen kouraj, pèp la gen fòs,

Ayiti pap janm mouri nèt,

Li ka pliye, men li pa kase,

L'ap leve ankò, pi bèl, pi fò.

Youngvens

POÈME NUMERO 4/ PWEZI NIMEWO 4

Ce poème met en lumière la détresse symbolique du drapeau haïtien, jadis porteur de fierté, de courage et d'espoir, aujourd'hui sali, abîmé, et affaibli par la réalité tragique du pays. Autrefois dressé avec noblesse, le drapeau est désormais témoin de l'insécurité, des tirs perdus, de la peur constante, et de l'innocence volée des enfants.

Les couleurs emblématiques — le bleu et le rouge — ne brillent plus : le bleu est devenu triste, le rouge vidé de sa vitalité. Le drapeau est décrit comme écrasé, manipulé par des mains ennemies invisibles. Pourtant, malgré les déchirures, il demeure au cœur du poète comme une flamme vive.

Le texte se termine par un appel puissant à l'unité et à la vérité : seul un peuple rassemblé et engagé peut redonner au drapeau haïtien sa dignité d'antan et ainsi sauver Haïti chérie.

DRAPO M NAN AP KRIYE

Drapo m nan te kanpe dwat,

Sou tèt li, fyète li te klere,

Ble ak wouj tankou lanmou ak lespwa,

Men jodi a, li sal, li rache, li bouke.

Ensekirite ravaje l tankou tanpèt,

Bal pèdi fè'l tranble nan lari,

Timoun pa ka chante li ankò,

Paske chak jou se sekirite yap mande.

Ble a tris, mantal wouj la a Zero,

Pè a kouvri yo anba kòm anwo

Yo kache anba lènmi san figi,

Ki pran yo kòm tijwèt a pil

Mwen sonje lè li te senbòl fyète,

Jodi a li tankou yon chay sou zepòl nou,

Menm si li fann, menm si li fennen,

Mwen pote l nan kè m, tankou flanm dife.

Ann leve vwa nou, ann ekri verite,

Pou drapo nou ka retounen kanpe,

Yon sèl pèp, yon sèl nasyon,

Se sa ki va sove Ayiti cheri.

Wildet Desulme (Wilmovo L'Original)

POÈME NUMERO 5/ PWEZI NIMEWO 5

Ce poème est un hommage bouleversant à Haïti, vue non pas comme un simple pays, mais comme un membre de la famille, une partie vivante et indissociable de soi. Contrairement à l'image négative souvent véhiculée par les médias, l'auteur rappelle une Haïti généreuse, riche de valeurs humaines, de résilience, et d'amour profond.

Haïti y est décrite avec tendresse : une mère qui donne le meilleur à ses enfants malgré ses douleurs, un père travailleur et digne, une terre blessée mais toujours debout. Elle est imparfaite, marquée par la violence et les trahisons, mais toujours belle par sa vérité, sa force, et son humanité.

Le poème se termine par un engagement fort : l'auteur reconnaît la souffrance d'Haïti, mais affirme un amour inconditionnel. Car Haïti, malgré tout, c'est la famille, les racines, l'âme même de son peuple. Et pour cela, elle mérite mieux — elle mérite justice, dignité, et amour.

AYITI, OU SE FANMI MWEN

Ayiti, yo pale de ou tankou w se dezas…

Men mwen konnen ou se mirak chak maten.

Yo montre w sou nouvèl ak dife, ap kraze…

Men mwen te la lè ou te ba mwen mango, sòti dwat sou pye a,

Lè ou te ban mwen lanmou san kondisyon, menm lè w pa t' gen anyen.

Yo di ou pòv…

Men ou ban mwen richès ki pa nan lò.

Ou ban mwen respè, ou ban mwen valè, ou ban mwen leson.

Ayiti, ou pa bèl paske w pafè

Ou bèl paske ou reyèl.

Ou gen mak bal sou miray ou,

Men ou toujou mete flè nan lakou ou.

Ou se manman ki fè manje sou dife bwa,

Men ki toujou mete pi bon moso a pou pitit li.

Ou se papa ki mache 3 èdtan pou l al travay,

Men ki toujou pote biskwit tounen lakay.

Yo toujou ap maltrete ou…

Yo vann tè ou, yo trayi ou, yo bliye ou…

Men ou toujou kanpe.

Tankou yon fanm ki fin pase nan lanmò men ki refize mouri.

Ou kenbe tèt ou, ou fè wout ou, ou leve chak jou tankou pa gen demen.

M'ap gade ou, epi m'ap souri…

Paske ou merite pi plis pase sa w ap viv.

Ou merite lanmou.

Ou merite mizik, pa bal.

Ou merite lekòl, pa lari.

Ou merite diyite, pa charite.

Ayiti, ou se pa de mo sou papye—

Ou se soufrans mwen, ou se fyète mwen, ou se kè mwen.

Ou se tout rèl mwen yo, tout souri mwen yo,

Tout nèg bò katye a, tout manman ki vann piman.

E menm lè m 'pa ka sipòte sa m wè...

Mwen toujou renmen ou.

Paske ou se fanmi mwen.

Ou se rasin mwen.

Ou se mwen.

E m'ap toujou kanpe pou ou,

Menm jan ou toujou kanpe pou Mwen.

Djimpson Chevalier (GregPromoHit)

POÈME NUMERO 6/ PWEZI NIMWEO 6

Ce poème d'une intensité bouleversante dresse le portrait d'Haïti comme une mère sacrifiée, épuisée par la souffrance, la trahison et l'abandon, mais toujours digne. Elle est décrite comme celle qui a donné naissance à la liberté dans la douleur, sans aide ni répit, sous le joug de l'oppression. Ses cris ont été étouffés, ses forces pillées, et ses enfants dispersés, fuyant la misère et la violence.

Le narrateur, l'un de ses enfants, exprime sa douleur, sa colère et son impuissance face à la déchéance de sa mère-patrie. Il pleure son agonie, mais affirme aussi son attachement inébranlable. Malgré l'humiliation et les jugements du monde, il proclame fièrement l'héritage de sa mère : celle d'une nation forte, première à briser les chaînes de l'esclavage.

Le poème rend hommage à la grandeur historique et spirituelle d'Haïti, en la reconnaissant comme *manman libète, manman revolisyon, manman espwa*. C'est un cri d'amour, de loyauté, et une invitation à se souvenir de sa vraie valeur.

MANMAN AYITI

Ou se manman ki akouche libète sou kabann wòch;

San anestezi, san men pou kenbe;

Ou t'ap rele ak doulè lesklavaj, men se kout fwèt ki te ranmase w;

Pa te gen chirijyen, pa t 'gen swen — se lènmi an ki t'ap veye;

Mwen se yonn nan pitit ou k'ap gade w k'ap depafini;

M'ap kriye chak jou pou libète w;

Mwen wè kote yo mete pye sou kou w.

Mwen wè kote yo piye w, dechèpiye w, maspinen w jouk ou pa ka rele.

Mwen tande souf ou ap ralanti, mwen tande rèl ou an silans.

Mwen santi w ap glise anba men mechan yo, e mwen pa ka sove w.

Dlo nan je w pa janm seche

Se pa grangou ki fè ou kriye,

Se trayizon pitit ak lènmi ki fè ou senyen.

Ou fè pitit kouraj, pitit onè, pitit diyite,

Men yo gaye, yo kouri, yo pè tounen lakay, yo divize;

Tout pitit ou yo oblije pati, ale chèche sekou lakay vwazen.

Men bèlmè pa manman; Yo pa gen lanmou w.

Yo ba nou fèy papye, men yo pa ka ban n' rasin.

Yo ba nou manje, men yo pa ka bannou memwa.

Menm lè yo pale w mal pou kouraj ou,

Yo rayi w pou richès ou,

Yo taye rad povrete mete sou ou,

Mwen fyè, wi, fyè pou m di kiyès ou ye, Manman m.

Yo di w sal, men se pousyè glwa ki sou po w.

Yo di w pòv, men se ou ki bay mond lan richès li.

Yo di w pa ka avanse, men ou se sèl peyi ki te leve kont lesklavaj

Ou se manman libète

Ou se manman revolisyon

Ou se manman lespwa

Ou se manman m

JulbenmiJules

POÈME NUMERO 7/ POEM NIMEWO 7

Ce poème est un appel vibrant à la prise de conscience collective du peuple haïtien. L'auteur affirme avec urgence que le moment est venu de briser le silence, de se libérer de la colonisation mentale et de rejeter les systèmes impérialistes qui maintiennent Haïti dans la souffrance. Il plaide pour un réveil intellectuel et une élévation du niveau de compétence, afin de bâtir une nation forte et digne.

Le texte invite à marcher ensemble, dans la paix et l'unité, en valorisant l'héritage culturel et les luttes des ancêtres. Il encourage la justice, l'amour fraternel et la solidarité comme clés du renouveau. Le destin du pays est entre les mains de ses fils et filles, et c'est par l'union et la vision que le changement pourra enfin se réaliser.

C'est un cri d'espoir et de responsabilité nationale.

LI LÈ LI TAN

Ayiti li lè li tan pou nou pran konsyans

Li lè li tan pou tout bouch pale koze pou w ka sòti nan silans

Li lè pou dekolonizasyon mental la komanse, pou n 'ka kraze sistèm enperyalis la, pou n 'ka bay ayiti yon chans

Li lè li tan pou lespri entèlektyèl pran posesyon sèvo nou, pou n 'ka ranplase ignorans e fè plas ak konpetans.

Li lè li tan pou nou mete peyi nou an valè

An nou mache men nan men sou chimen la pè pou nou ka evite la gè

An nou kreye vizyon prosperite pou tout je ka wè.

An nou frape nan pòt devlopman

an nou fè onè zansèt yo, konsa nap jwen kle chanjman an

Nou pap bliye kote nou sòti, istwa nou, kilti nou, desalin pitit Boukman.

An nou pote lapli jistis pou sechrès enpinite, an nou fé lespwa fleri

An nou simaye lanmou youn pou lòt, pou nou elimine divizyon

Desten ayiti se nan men nou li li ye

an nou mete tèt ansanm, konsa na jwenn yon solisyon.

Stanley Alix

POÈME NUMERO 8/ PWEZI NIMEWO 8

Ce poème trace un portrait poignant d'Haïti — un pays à la fois merveilleux, humilié, affaibli, mais toujours porteur d'espoir. L'auteur rappelle le rôle historique et héroïque d'Haïti comme première nation noire libre, tout en soulignant les conséquences écrasantes de la dette de l'indépendance, de la mauvaise gouvernance et des catastrophes naturelles qui l'ont fragilisé.

Il évoque la trahison de pays voisins comme la République Dominicaine, qu'Haïti avait autrefois aidée à se libérer, mais qui aujourd'hui participe à sa marginalisation. Les puissances étrangères, sous prétexte d'aide, seraient en réalité complices de sa destruction, offrant un soutien toxique et hypocrite.

Malgré tout cela, le poème garde une note d'espoir puissante: Haïti est comparée à une flamme inextinguible. L'auteur affirme que la lumière du peuple haïtien brillera à nouveau avec fierté, sur l'île toute entière, rétablissant la dignité, la solidarité et la prospérité.

AYITI OU MELE

Ayiti ! Peyi mèveye , imilye , depafini, men espere.

Ayiti premye pèp nwa kite libere

Slogan estraòdinè men chokan, ki pa janm byen sonnen nan zòrèy anpil nasyon .

Ou imajine ti Ayiti saa ki te bijou antiy yo pandan la koloni

Men apre l 'fin libere, redi peye plis pase yon syèk dèt endepandans

Mete ak politisyen malveyan epi evènman natirèl ki fin depafini l 'nèt ale.

Note ke frè jimo an, Repiblik Dominikèn, te fòme ak Ayiti zile Ispanyola

Ayiti te ede yo sòti anba chèn, ede yo fè fas ak grangou, pote laswenyay ak ekleray.

Jodia, menm limyè solèy la yo vle anpeche leve sou tè Ayiti a.

Menm lamè sous dlo ki benyen ti zele nou fòme a, yo vle barel pou anpeche kanal la viv

Mete ak move tretman yo bay Ayisyen lakay yo

konplote ak gran kolon yo pou destabilize Ayiti.

Wi peyi swadizan zanmi ki toujou lonje la men

Yo bay Ayiti kado, men se pwazon rat, kado anpwazonen

 Yo klewonnen yo pote soutyen, men yon soutyen san bretèl

Yo pran pòz y'al bay sekirite, poutan bagay yo vin pi myèl

Yo konplote ak peyi vwazen pou imilye, anfonse Ayitti nan abim.

Yo bliye ke nou se de kòk tomazo, menm plimay, menm plim

Men Ayiti peyi vanyan , pèp ki pa janm pèdi batay

Flanm lespwa ki pa janm etenn , gen pou leve monte byen wo

Limyè l gen pou klere tout zile a tankou fanal .

Lèsa, avèk fyète pèp sa ki gen anpil diyite ,

Ayiti ap leve tèt gade kolon yo, fo zanmi yo, mete avek fo jimo a Sendomeng

kote prosperite, linyon, ak fratènite pral boujonnen .

John Toussaint

POÈME NUMERO 9/ PWEZI NIMEWO 9

Ce poème est un cri du cœur, rempli de nostalgie et de douleur, adressé à une Haïti autrefois radieuse et fière, aujourd'hui plongée dans le chaos. L'auteur rappelle les jours de gloire d'Haïti, destination prisée, riche en culture, en beauté naturelle, en musique et en gastronomie.

Mais cette fierté s'est effondrée : l'État est infiltré par des complices corrompus, les quartiers sont menacés, et la population fuit la violence. Les enfants vivent dans la peur constante, les citoyens sont traumatisés, la vie est devenue insupportablement chère, et beaucoup sombrent dans le découragement.

Pourtant, l'auteur ne perd pas espoir. Il en appelle à une prise de conscience collective, autant des Haïtiens sur place que de la diaspora. La liberté conquise par les ancêtres ne doit pas être trahie. C'est par une transformation profonde — dans l'âme, le cœur, et les actes — que le peuple pourra rebâtir cette terre chérie.

AYITI DOUDOU M

Ayiti se ak richès ki pi klere anba dlo nan zantiy la, yo te konn konpare w.

Destinasyon vakans ideyal ou te ye, pou tout nasyon ki respekte w tou.

Tèlman bote natirèl, mizik, lang, tout kilti w nèt, plis manje w gou

Biznis entènasyonal debake pou kite mak yo lakay ou. Tout sa yo se te fyète w.

Men kounyea hmmm! Ak dlo nan je, n'ap gade w chak jou k'ap depafini.

Konplis nèg leta yo, melanje ak kèk sitwayen san nen nan figi.

Makonnen konplo ak blan plis bandi yo, Ayiti doudou m, pou tout ti rès ki

Te bon nan lakou w detwi; Tout zòn sou menas, pifò moun nan kouri

Kè m pi dechire pou elèv lekòl yo ki nan kè sote tout tan, e yo tou twomatize

Chak jou yon moun soti, se veye anba, veye anwo, paske w ka pa antre

Lavi chè a vin pi malouk. Pifò moun gen chimè mele ak vye dekourajman.

Si kèk diaspora pat kontinye lonje lamen, sak rete toujou yo pa tap ka fè yon jan.

M rete kwè sa pap rete konsa nèt, non! Si lesklavaj ewo nou yo te bani

Se chak nan nou ki pou pran konsyans. Sa ki sou teren an, kou sa ki lòtbò.

Zansèt nou yo pat travay pou sa non! Premye pèp nwa kite endepandan atò!

Se chanjman nan nanm, kè, panse, epi aksyon n'ki pou fè nou rebati w cheri!

Mitchelle Jeannot Descollines

POÈME NUMERO 10/ PWEZI NIMEWO 10

Ce poème est une ode nostalgique à Haïti, première nation noire indépendante, mais toujours enchaînée par la mauvaise gouvernance, la division, et les épreuves. L'auteur décrit la beauté naturelle et culturelle du pays — ses rivières, ses enfants qui jouent à Noël, les jeux traditionnels, les poèmes récités sous les arbres, les arcs-en-ciel et les fleurs — autant de souvenirs joyeux d'un passé vibrant.

Pourtant, la douleur est présente : pauvreté, insécurité, sécheresse, dirigeants négligents et population abandonnée. Malgré cela, l'auteur exprime un amour indéfectible pour Haïti et termine sur une note d'espoir. Il proclame haut et fort que, malgré la souffrance, Haïti ne périra pas, car l'amour pour la patrie est plus fort que l'adversité.

SOUVNI AYITI

Ayiti premye té nwa endepandan

Men ki toujou andekadans,

Malgre efò l 'pou l ta leve kanpe, men li pa janm ka fé yon pa annavan

Paske li gen twòp dirijan belijeran.

Ayiti se sél peyi, ki chaje ak bèl richés,

Men ki toujou andetrès,

Petèt se twòp peréz, ki koz li toujou an sechrès

Twòp gwo palto gen lespwi parès,

    Lage nèg ak nègès yo nan lapenn, san pwoteksyon, san adrès

Ayiti lé se sezon nwél,

Timoun pa sispann jwe marél ,

Jwe woslé, souse grenn siwél,

Resite powém, anba pye siwél,

oh! sete bél mévéy

Ayiti se peyi ki chaje ak bèl rivyè, lanmé, soléy, bél van ap soufle,

Zwazo gen bél chan y'ap chante, lasigal pa sispann pawaze,

Ayiti se lé lapli ap tonbe

Nan syél la lakansyél mare

Bél flé ap pouse, papiyon ap vole

Sete yon evénman sa teye

Ayiti mwen konnen w soufri,

Malgre mizé ak lavi di, féw fin demegri,

Men m'ap leve vwa m 'byen wo pou m di Ayiti pap peri,

Paske lanmou m 'pou ou pa janm fini.

Nyva Presume

POEME NUMERO 11/ PWEZI NIMEWO 11

Ce poème célèbre Haïti comme une terre d'espoir et de résilience. Malgré les souffrances et les épreuves, le pays est présenté comme un lieu lumineux, où l'amour se mêle à la douleur, et où les montagnes et la mer témoignent de sa beauté naturelle et de sa force. Le poète rappelle la richesse historique du pays et l'héritage de liberté transmis par ses ancêtres.

Même quand l'obscurité semble dominer, l'espoir demeure. Haïti est décrite comme une nation qui ne baisse jamais les bras, qui se relève toujours, et dont le peuple, enraciné dans la révolution et la liberté, incarne courage et persévérance. Haïti est, avant tout, un pays d'espérance.

AYITI PEYI ESPWA

Ayiti, peyi solèy ki pa janm kouche,

Nan kè ou, lanmou ak doulè melanje.

Mòn ou yo kanpe fò,

Menm lè van ap soufle fò.

Lanmè ou yo briye tankou zye yon timoun,

Kè pèp ou a bat fò,

Malgre tout difikilte yo,

Nou toujou leve, toujou kanpe.

Ayiti, peyi ki gen istwa rich,

Nan chak kwen, yon rakont vivan.

Nou se pitit revolisyon,

Nou se pitit libète.

Menm lè nwaj yo kouvri syèl la,

Nou konnen solèy la ap leve ankò.

Nou se yon pèp ki pa janm lage,

Nou se Ayiti, peyi espwa ak fòs.

France Davis-Aidee

POÈME NUMERO 12/ PWEZI NIMEWO 12

Ce poème est une adresse poignante à Jean-Jacques Dessalines, père fondateur de la nation haïtienne. Le poète se penche respectueusement pour exprimer sa douleur et son indignation face à l'état actuel d'Haïti, un pays plongé dans le désordre, malgré l'héritage de liberté laissé par ses ancêtres.

Il déplore la misère, la surpopulation, la faim silencieuse, et la dignité perdue du peuple haïtien. Le poème critique sévèrement les politiciens corrompus et l'oppression étrangère, tout en appelant à un réveil collectif.

En évoquant la souffrance du peuple et le contraste avec la vision d'un pays libre voulue par Dessalines, le poème conclut par un cri d'espoir : un appel à l'unité, à la révolte contre la haine et la division, et à la renaissance de la fierté haïtienne.

AYITI PAPA DESALIN

M 'koube m 'byen ba pou m 'adrese m 'ak papa nasyon sa

Yon ti peyi depi lontan kap pote yon sèl kwa

Politisyen gen lontan ap goumen pou pouvwa

Poutan peyi a toujou nan dezawa

Nou vwayaje nou wè limyè, ató peyi pa n 'nan fè nwa

Pa Desalin, ou k 'te goumen, ki te bann libète

M'anvi konnen si nou pa moun, ou si se chen ki bann tete

Pa bó isit, la vi pa dous; se maswife n'ap monte

Yon sèl pyès kay w'ap jwenn kenz moun rete

Lè pou dòmi, se youn sou lót nou preske monte

Vant yo ap rele an silans, tankou gwo van ki pa jwenn direksyon

Manje yo antre tankou pawòl ki pa jwenn lapriyè, san benediksyon

Yo fè move wout, yo tounen ak tout doulè, ak tout emosyon

Jan yo te antre a, se konsa yo soti—san prekosyon

Tout sa se santans lamizè, move lavi, ak konsekans fristrasyon.

Sa fè m 'mal pou m 'ap gade jan blan ap maltrete n'

Mwen mande kote diyite n'

Kóm premye pèp nwa ki te libere, kote fyète n'

Yo bouke pase n 'nan rizib, pilonnen libète n'

Nou lage rès la nan men Bondye ki ka ede'n

Antouka papa Desa

Mwen pap twó rete

Kase kou tout rayizan, malpalan ki pa vle linyon

Pike yon ti san w nan venn nou pou n 'ka reveye n'

Georges Jouvens

POÈME NUMERO 13/ PWEZI NIMEWO 13

Ce poème est un vibrant hommage à Haïti, décrite comme une terre splendide, fertile, bénie par la nature et riche culturellement. Elle est comparée à une perle des Antilles, dotée de beautés naturelles, de paysages sauvages, de femmes et d'hommes fiers, et de traditions culinaires uniques.

Mais cette beauté est menacée. Le poème appelle les Haïtiens à la conscience collective : à protéger leur pays comme un trésor, à cesser les divisions et les comportements destructeurs, à vivre en harmonie avec la nature et entre eux.

L'autrice dénonce les violences, la perte de direction, et la détresse généralisée. Elle rappelle que les malheurs d'Haïti sont le fruit de mauvaises actions et pensées. En conclusion, elle affirme que le salut d'Haïti passe par une prise de conscience individuelle et collective — car sauver Haïti, c'est se sauver soi-même.

AYITI

AYITI bèl manman e sant latè ki plase nan pi bèl somè yo

AYITI peyi bon tè, bon dlo, bon van, bon solèy cho

AYITI tè vitamin kap fèw bèl, ou mèt krèm san manti

Depi lè map leve, yo aprann Mwen AYITI ou se te la perle des Antilles

Yo ba ou tout non pou kalite bote, bèl peyizaj sovaj

Ak bèl grenn fanm gason djanm byen sovaj

Mete ak manje, pwodwi lokal nou yo ki kanpe an mòd sovaj

Ki vin bay AYITI yon richès kiltirèl e natirèl byen sovaj

Sa lakoz Ayiti cheri doudou depi moun goutew

Ou tèlman son ladous ki vyen, yo pa mande rete

Ayisyen, ann konnen AYITI se yon bout tè li ye

Konnen se nou ki pou pwotejel ak bon jan boukliye

Pou n'ap aji ak lanmou pou tout frè ak sè nou

Pou n 'mete n 'an amoni pou n 'itilize tout aksè nou genyen pou n'ap viv vi nou

Ann aprann apresye, renmen tout sak nan antouraj nou

Pye bwa yo, sous dlo yo, zannimo yo

Poun bay AYITI sans li, pou n 'gen yon AYITI nan gou n'

San deblozay, pou n 'sispann ap aji pirèd ke zannimo

Pou nou sove AYITI, ki vle di pou nou sove pwòp tèt nou

Paske AYITI se nou, se nou ki sipoze fè bèl ak tè nou

Ann pran konsyans pou n 'konnen se aksyon lespri mal nou ki mete n 'nan kouri

Jodia, san direksyon nou pa konn kiyès pou n 'rele; chak jou moun ap mouri

Granmoun, timoun, jèn moun, tout moun ap viv san okenn espwa

Malfektè, piyajè, blofè menm sou do nou ap taye banda

Men fòk nou konnen tout reyalizasyon sòti nan panse nou

Men lè map gade tout kò AYITI, se gwo doulè, gwo blese;
Ann kanpe pou n 'panse nou

Yo toujou di, saw plante se li ou rekòlte

Ebyen, se sa nou plante la n'ap rekòlte

Pwoblèm AYITI se nou, sa n'ap viv la pa yon sipriz

Se rezilta aksyon, panse mal nou ki fè se kriz

Tèt chaje nou kreye plis.

Dr. Marie Lucita Simervil

POÈME NUMERO 14/ PWEZI NIMEWO 14

Ce poème est une déclaration d'amour et de fierté envers Haïti, personnifiée comme une fille du soleil, forte, lumineuse et résiliente. Malgré les épreuves, les tempêtes et les douleurs, Haïti demeure debout, fière, porteuse de l'héritage de ses ancêtres.

Le poème célèbre la beauté naturelle du pays, sa culture vibrante, ses enfants souriants, sa musique et sa foi en un avenir meilleur. Haïti est vue comme une source d'inspiration, de courage et d'espérance, une terre blessée mais invincible, profondément aimée par ses enfants.

AYITI, TIFI SOLÈY

Ayiti, ou se flanm dife nan kè mwen,

Ou se sous dlo fre ki koule nan rèv mwen.

Nan tout zanj ou yo, mwen wè limyè espwa,

Malgre soufrans, ou toujou kenbe chwa.

Ou se mòn ki kanpe dwat anba move tan,

Ou se dlo lanmè k'ap chante sou sab blan.

Ou se vwa zansèt yo nan van k'ap soufle,

Ou se pye bwa ki refize kase.

Ayiti, tifi solèy, pitit zèklè,

Nan je ou, mwen wè listwa ki pa janm sispann plede.

Boukliye san, epe lasyans,

Ou se gerizon tout dlo nan sousfrans.

Nan mache ou, gen mizik tanbou ki rele,

Gen souri timoun k'ap jwe anba pyebwa boule.

Pandan fwi mango tonbe sou tè cho,

Ou chante, ou ri, ou priye, ou kwè nan demen pi wo.

Ayiti, tè zansèt mwen, ou bèl ak tout mak ou,

Ou se chante libète, ou se limyè chak kou.

Malgre tout traka, ou pa janm bese tèt,

Ou se fyète m, Ayiti, ou se tout kè m' mete.

Yerlie Joseph (BO$$LADY)

POÈME NUMERO 15/ PWEZI NIMEWO 15

Ce poème rend hommage à la force, la résilience et la dignité d'Haïti, une nation souvent dénigrée, mais qui ne plie jamais. Malgré les souffrances, la pauvreté, les divisions et les humiliations, Haïti continue de se battre, de se tenir debout avec courage.

L'auteur compare Haïti à une mère, à un enfant plein d'espoir, à une femme courageuse et à un homme déterminé. Haïti est décrite comme une terre fière, forgée dans la douleur, mais riche de valeurs, de mémoire, et d'amour. Le poème conclut que Haïti n'a peur de personne, qu'elle est la source de fierté et d'identité de tout un peuple.

AYITI, OU PA PÈ PÈSONN!

Yo toujou ap pale w mal.

Yo fè ou pase pou malouk, pou chaj, pou echèk…

Men yo bliye ou se lanmè ki pa janm bouke bat.

Yo bliye ou se mòn ki pa janm bese tèt.

Ayiti, yo maltrete w,

Yo kraze w, yo divize w,

Yo fè pitit ou pè w,

Men ou pa janm lage.

Ou toujou kanpe.

Ou se bon manje ki fèt ak ti kras ti kras.

Ou se yon timoun ki pa gen soulye men ki gen espwa.

Ou se fanm ki lave rad nan rivyè,

Ki chante pandan dlo a ap glise sou do wòch.

Ou se gason ki leve chak maten ak grenn senk goud,

Men ki toujou mete timoun li lekòl.

Yo di ou fini…

Men ou toujou la.

Yo di ou pa vo anyen…

Men ou se tèt tout bagay!

Ou pa bezwen moun padone w.

Ou pa bezwen menm jeneral.

Ou pa bezwen onè sou papye…

Paske ou deja se fyète ki vivan.

Ayiti, ou pa pè pèsonn.

Ou se tout sa yo pa ka ni konprann, ni kraze.

Ou se tout doulè ki tounen fòs.

Ou se tout mizè ki fabrike pèp ki gen flanm nan je.

Mwen gade w, mwen souri.

Mwen sonje mizik lakou, bwi galri, ak lanmou san limit.

Mwen sonje kòman ou fè moun ri menm lè kè yo ap kriye.

Ou se tout pawòl kè mwen.

Ou se mwen.

Ayiti, se ou ki vo kè m.

Se ou ki fè m kwè, menm lè tout bagay pa mache.

Ou ban mwen leson, ou ban mwen rasin.

Ou ban mwen non mwen, ou ban mwen tout sa mwen ye.

E se pou sa, m'ap leve vwa mwen pou ou.

Paske ou pa pè pèsonn.

Ou se tout bagay.

Ou se Ayiti

Beatrice Paul (BeaJourney)

POÈME NUMERO 16/ PWEZI NIMEWO 16

Ce poème décrit Haïti comme un pays plongé dans les ténèbres à cause d'un État corrompu, comparé à un cancer. La jeunesse est sans repère, guidée vers de mauvais choix. Le quotidien haïtien est devenu un fardeau : vivre en Haïti revient à affronter constamment la souffrance et le sang.

L'auteur exprime une perte d'orientation, une société où tout s'effondre et où l'on oublie même de sourire. Chaque tentative de relèvement est étouffée par un système oppressif. La nuit — symbole d'instabilité et d'insécurité — règne, et le peuple ne sait plus vers qui se tourner. Haïti est présentée comme une nation en crise, qui cherche désespérément la lumière.

AYITI NAN TENÈB

Leta vin yon kansè

Yon pèp po nwa ki vin pèdi valèl

Nou vin tankou je pete klere

Yon sistèm pye atè kap baleye

Yon swaf delivrans ki pa janm ka rive

Yon leta kenbe men yon jenès

Kap montre l 'pou l 'fè vye jès

Jounen jodia, viv Ayiti se yon men sòl

Pou n'ap fè pewòl ak san nou kap koule sou yon sòl

Pa konn si pou n 'monte si pou n 'desann

Tout kote n'ap pase se sann

Nan yon kaye ki ekri lavi

nou bliye jan yo souri

Lè n 'kòmanse vle pran fòs

Sistèm pye atè a ap fè nou fòs

Depi tenèb tonbe

Deje louvri ap veye

Elas, nou pa konn sou kiyès pou n 'konte.

Ayiti nan tenèb

Prezidan Rolson Jr Bazile

POÈME NUMERO 17/ PWEZI NIMEWO 17

La chanson *Fòk Sa Chanje* est un appel vibrant au changement pour Haïti. L'auteur exprime le désir de voir un pays transformé, où chacun aurait accès à la santé, à l'éducation et à une vie digne, en particulier les enfants. Il dénonce les fléaux qui ravagent la société haïtienne : la corruption, les élections chaotiques, la pauvreté extrême, l'abandon des jeunes et le manque d'opportunités.

Malgré la souffrance partagée par les plus démunis, le message reste rempli d'espoir et de foi. L'auteur appelle le peuple à prier pour une transformation profonde du pays, en soulignant que l'éducation est la clé du progrès. Il insiste sur l'urgence d'agir : "Fòk sa chanje" — *Il faut que ça change.*

FOK SA CHANJE [LIRIKS]

Mwen vle pou peyi mwen chanje

(Fòk sa chanje)

Pou tout moun gen dwa a la sante

(Fòk sa chanje)

Pou lapè renye tout kote

Pou vi timoun yo proteje

Edikasyon bòne

Paran abandone

Jenès la degringole

Menm si mwen malere, menm si ou malere

Ann priye pou peyi nou chanje

Fòk sa chanje

Nan yon peyi kou ayiti

Fòk sa chanje

Ti pèp la prèske trepase

Fòk sa chanje

Oh BonDye papa di yon mo

Koz eleksyon fin kraze n'

Dwòg koripsyon, fin varye n'

Mwen vle jèn yo konnen

Edikasyon se kle

Edikasyon bòne

Paran abandone

Jenès la degringole

Menm si mwen malere

Menm si ou pa ere

Ann priye pou peyi nou chanje

(Se sa nou vle!!!)

Fòk sa chanje

Nan yon peyi kou Ayiti

Fòk sa chanje

Ti pèp la prèske trepase

Fòk sa chanje

Oh BonDye papa di yon mo

Ti malere nan peyi a paka manje

Sak pa jwenn travay se pote y'al pote

An Ayiti twòp timoun lage

Nan lari yo se fatra kap monte

(2x)

Fòk Sa Chanje

Nan yon peyi kou ayiti

Fòk sa chanje

Ti pèp la prèske trepase

Fòk sa chanje

Oh BonDye papa di yon mo

MystèPi

POÈME NUMERO 18/ PWEZI NIMEWO 18

Dans ce poème, l'auteur exprime avec nostalgie et douleur ses souvenirs d'une Haïti chaleureuse, authentique et vivante. Il se remémore les petits plaisirs simples d'autrefois : les repas traditionnels faits maison, les fruits frais, les jeux d'enfants, les moments de fête au son des tambours, la nature généreuse et les saveurs locales inoubliables.

En contraste, il décrit l'état actuel du pays : la nourriture industrialisée, les produits chimiques, la bétonisation, la perte des traditions et le quotidien devenu amer. Malgré la tristesse face à ce changement, l'auteur garde un amour profond pour Haïti. Il rêve d'y retourner, de retrouver ses goûts, ses sons, ses paysages, et conclut avec tendresse que *Haïti est une saveur qu'on n'oublie jamais.*

M SONJE W, AYITI

M sonje w, Ayiti, chak maten lè m leve,

Yon pwa lou chita sou lestomak mwen, difisil pou leve.

M sonje ti dejene anba tonèl, ak yon bon pen rale byen cho,

Jodi a, se manje plastik tribò babò, tout makèt, a gogo

M sonje chalè lanp tèt gridap, limyè ki tap bat ak fènwa,

Lespwa te klere nan je w, menm lè pa te gen kouran nan kapital tankou nan bwa.

M sonje dife sou twa wòch chodyè kap fimen,

Ti mayi moulen ak sòs pwa nwa—sant li fè kè m tranble de lwen.

M sonje lè mango ap tonbe, se piyay, pa gen pri,

Jodi a, fwi yo frèt kou nen chen, yo gonfle ak pwodwi chimi.

M sonje lago kache nan fènwa, timoun ap ri, sa k'ap kouri

Kè kontan nou pa t koute la vi di.

M sonje bon krab sou plaj, bon sirik, bon pwason boukannen,

Sèl ak dife te marye, te fè lang mwen chante tankou tanbou nan fèt.

M sonje dous makòs ki kole dan, men ki dekole kè,

San bliye ti plezi m te jwenn nan jwe kach kach liben- sere liben.

M sonje bon dlo kokoye ki dous tankou siwo myèl

Jodi a, se dlo nan boutèy m'ap fòse bwè, se pete fyèl

M sonje sab cho anba pye, pi blan pase koton

Jodi a, m chita bò pisin an beton.

M sonje rara, son tanbou ki te frape kè m,

Jodi a, tout son tounen bri, tout plezi vin anmè.

M sonje pye zaboka, pye kowosòl, flè zoranj, ladous ki vyen

Jodi a, ni zanana, ni pengwen nan chagren.

Mwen sonje w, Ayiti

M paka tann pou m 'mete pye m nan dlo ou ankò

Pou m ka manje diri djon djon ki chita sou flanm lanmou

Pou m ka gade w ak tout sa w ye

E di w: "Ou se sèl gou ki pa janm kite djòl mwen."

Ayiti, ou se gou mwen pa janm bliye.

M sonje w, Ayiti

Tragelia Washington

POÈME NUMERO 19/ PWEZI NIMEWO 19

Ce poème rend hommage à une Haïti d'autrefois, belle, paisible, solidaire et pleine de valeurs. L'auteur évoque avec nostalgie un temps où la propreté, le respect, l'entraide entre voisins, la joie des enfants dans les rues, et l'amour partagé dominaient le quotidien. Il se souvient des repas simples, des jeux traditionnels, des marchés animés et d'une liberté de circuler sans peur.

Opposée à cette époque, la réalité actuelle d'Haïti semble marquée par la douleur, la perte, et l'exil. Le poète, forcé de partir, exprime son cœur brisé mais réaffirme son amour profond pour son pays. Il garde l'espoir qu'un jour, Ayiti retrouvera sa grandeur passée grâce à l'engagement de ses enfants.

AYITI PA M' NAN

Ayiti pa m' nan te limen tankou chandèl,

Te gen lespwa, te gen disiplin ak bèl modèl.

Lari a te salon pèp la, pa t gen fatra ni pousyè,

Toupatou te gen flè dizè, lonè ak respè.

Ayiti pa m' nan, vwazinaj te fanmi,

Si manman w pa lakay, lòt manman bay ou manje san l pa pran lajan ni.

Champ de Mars te klere, timoun te jwe ak kè kontan,

Pa t gen pè, pa t gen vyolans, se lanmou ki t ap mennen tan.

Mwen sonje fresko ki t ap fonn tankou glas sou lespwa,

Yon vè pistach pou dis kob, bon gou te rete nan bouch tout jounen swa.

Dimanch maten, tout fanmi al legliz ak rad bonjou,

Aprè sa, plat manje t ap fè wout, soti kay vwazen vin jwenn ou.

Ayiti pa m' nan, gen nonm ki te gen lonè,

Yo te mache dwat, yo pa t pale fò, men yo te fè valè.

Se pa sou rezo nou t ap chache diyite,

Se nan je youn lòt, nou te jwenn lanmou ak verite.

Timoun te konn jwe lago kache, kriye ak ri,

Kite pye yo plen labou, men kè yo te plen lavi.

Te gen dife sou twa wòch, chalè lanp tèt gridap,

Te gen bon sirik, bon krab sou plaj, lanmè ki t ap ba ou lapè san traka.

M sonje dous makòs, m sonje pwason boukannen,

M sonje fanm nan mache ki t ap vann lanmou ak men.

Ayiti pa m 'nan, m te konn mache lè m vle,

San kè sote, san kachèt, sou tout chimen mwen te lib pou m ale.

M kriye tankou ti bebe pou m pa kite peyi m,

Lè yo te jete m deyò, lè rezidans mwen te tonbe sou sim.

Yon kè brize, yon flanm ki pa vle mouri,

Menm nan lòtbò dlo, mwen toujou sonje sa m kite dèri.

Ayiti pa m' nan, ou se souvni ki boule nan kè m' chak jou,

Ou se mizik ki sonnen nanm mwen, menm lè tout bagay vin fènwa, ou rete dou.

Si w ap tande m, Ayiti, sonje tout sa ou te ye,

Paske pitit ou toujou la, pare pou mete w sou wout ou ankò, men fwa sa—pou w pa tonbe.

Kerline Ulysse

POÈME NUMERO 20/ PWEZI NIMEWO 20

Ce poème célèbre la naissance d'Haïti en 1804 après une lutte acharnée pour la liberté, et souligne le silence douloureux avec lequel le pays endure aujourd'hui ses souffrances. Malgré plus de 200 ans de combat, Haïti est accablée, blessée par ses propres enfants impliqués dans la violence et la division.

Cependant, l'espoir demeure vivant, enraciné dans la terre même d'Haïti. Le poème appelle à la prise de conscience, à la réparation des torts causés, et à l'unité du peuple haïtien. Il affirme que le relèvement d'Haïti ne viendra pas de l'étranger, mais de ses propres enfants, avec amour, mémoire, vision et mission.

Haïti renaîtra, sans bruit ni dispute, mais avec la force silencieuse de ceux qui n'abandonnent jamais.

AYITI SAN BRI SAN KONT

Sou la tè ,yon premye janvye 1804

Yon boujon t pete apre anpil kout pat

Ki pemet tout linive we kle

Nan sa ki rele libete neg nwe

Plis ke 200 lane apre

Lap goumen poul pran plas li

Men san fwa ni lwa fel wè tout koulè

Li semante li pap fe Bri

Paske silans li ap fe plis efè

Ayiti ap rakle, l'ap soufri an silans

Chay la lou, men 'l pote l san fè bri

Lè li wè pitit li nan manigans,

Li kriye san, li depafini.

Nou nan chire pit,nou bliye soufrans li

Nou tounen chen ak chat

Nou vann konsyans nou pou zam ak bal

Poun fe prop san nou mal

Menm lè raje vale jaden, rasin lan pa janm mouri,

 espwa tè sa p'ap janm fini.

Paske ladanl gen bgy sakre

Etranje bzw pote ale

Ann pare pou n repare sa yo fe nou kraze

Ayiti, ou gen pou pran eskanp figi w,

Tankou solèy ki sòti anba sann pou rebat flanm li.

Ou pap bezwen pale fò pou yo tande vwa ou,

Paske silans ou gen son — ki frape lespri, ki tranble tout lakou.

Ou se lavalas kap dechenen tout move grenn

Ki kanpe an kwa pou flanbow limen

Ayiti se nou, epi nou se ou —

Nou pap kite ou tonbe, menm si ou sou jenou.

Pa gen Bri, pa gen kont — men gen memwa, gen vizyon,

Ayiti gen pou leve tèt li — se pa etranje,

Men se pitit li ki gen tet, lanmou, ak misyon.

Soldat_R

UN POÈME SPECIAL ECRIT PAR DR. BETTY FORTUNAT

YON POWÈM ESPESYAL KE DR. BETTY FORTUNAT EKRI

Ce poème décrit la souffrance profonde d'Haïti, un pays où la chaleur du soleil a été remplacée par la violence des armes, où le sang coule à la place de la pluie, et où les prières semblent désormais sans écho. Les enfants ne jouent plus, les écoles sont fermées, l'insécurité règne et les routes sont bloquées. Même la terre ne donne plus de fruits, asséchée par la méchanceté.

Le poème évoque un peuple divisé, gangréné par la violence, les enlèvements, et la perte des repères. Haïti est comparée à un corps malade atteint d'un cancer, abandonnée sur un lit de mort, trahie par ses propres enfants.

Le drapeau flotte encore, mais souillé par les larmes et le sang. La voix d'Haïti est désormais réduite au silence, paralysée par la peur. Pourtant, malgré tout, l'auteur exprime un amour indélébile pour sa patrie et garde l'espoir qu'un jour, Haïti pourra à nouveau s'exprimer et se relever.

AYITI PA KA RELE ANKÒ

Se pa solèy ki chalè w ankò,

Se dife bal ki limen maten w,

Zam pale pi fò pase lapriyè,

E Bondye sanble sispann tande w.

Se pa lavalas ki inonde w ankò,

Se san pitit ou k'ap koule chak jou, dlo kò benyen kò.

Timoun ou yo sispann viv, yo pa jwe ankò

Yo mache ak laperèz, ak silans ki pi lou pase lanmò .

Kidnaping ap fè moun monte maswife,

Tout wout bloke, tout lekòl fèmen,

Pou sikile, lanmè tounen sèl wout pou chape,

Menm ayewopò w fèmen , li tounen kay sendenden

Tè a pa donnen ankò,

Pyebwa yo wont bay fwi,

Sòl la sèch anba pye mechanste, li tounen pwatchòkò

Lekòl pa fonksyone, edikasyon tonbe nan madjigridi.

Nou nan chire pit, frè rale manchèt sou frè,

Pitit ou yo fè alyans ak destriksyon pou kraze lespwa

Yo eseye pè lebren, men jodia nou tonbe nan bwa kale

Gwo ponyèt k'ap fè lalwa, yo vann Ayiti pou pouvwa

Ou pa malad grav Ayiti,

Ou gen yon kansè k'ap gaye nan chak katye,

Chak gang se yon selil k'ap manje ou tou vivan,

Ou sou kabann lanmò, epi ou pou kont ou.

Drapo ou toujou ble ak wouj,

Men li sal ak dlo je ak san inosan,

Li pa flote pou fyète, li flote pou raple'n nou pa koukouj

Chak pitit ou yo dwe klere youn pou lot

Ayiti, ou pa kab rele ankò,

Ou pè pou vwa w pa tounen eko bal,

Ou chita ak je w kale anlè,

Men pa gen pèsonn pou voye lespwa desann sou ou ankò.

Mwen gade w de lwen, ak kè mare ak lanmou,

Men mwen santi m 'fèb, tankou limyè chandèl nan van,

Mwen swaf pou mete men, pou sove ou,

Mwen pare pou m 'kanpe dan dan dan

Ayiti Cheri, ou malad, ou blese,

Men pa gen anyen ki ka efase w nan kè pitit ou.

Yon jou, mwen kwè babouket ki nan djòl ou a va tonbe,

Men jodi a… mwen kriye pou ou, an silans… paske

Ayiti pa ka rele ankò.

VOIX SORTIES DES CENDRES

Ce recueil de poèmes est un voyage au cœur d'une nation, une traversée entre douleur et dignité, entre esclavage et espoir. Il ne s'agit pas simplement de ce que nous vivons, mais de ce que nous ressentons et de ce que nous espérons.

Ce ne sont pas seulement des mots couchés sur du papier. Ce sont des soupirs bouillants, des chagrins en quête de lumière. Dans chaque poème, on entend une Haïti fatiguée, déchirée, mais qui refuse de perdre son essence. Ce recueil est comme une mer — calme parfois, tourmentée à d'autres moments. Chaque voix qui s'y élève est un témoignage d'une réalité difficile à porter, mais essentielle pour comprendre d'où nous venons et choisir où nous allons.

La poésie ici ne sert pas uniquement à réfléchir sur la souffrance. Elle est un outil pour éveiller les consciences. Elle éclaire ce qui est caché, ce qui passe en silence mais crie à l'intérieur. Certains mots brûlent comme le soleil de midi, d'autres caressent l'espoir comme une douce brise d'après-midi. Mais ensemble, ils construisent une image forte, honnête et réelle de ce que nous sommes comme peuple.

Ce qui frappe le plus, c'est la manière dont chaque poète plonge dans son propre esprit pour mettre des mots sur ce que beaucoup n'osent pas dire. C'est une voix qui s'élève des cendres, sans cri, mais avec force. Une force qui ne vient pas du bruit, mais de la vérité.

Dans ce recueil, on retrouve ceux d'entre nous qui ont choisi de s'asseoir, de réfléchir et d'utiliser des mots plutôt que la violence.

On y retrouve des cœurs pleins d'amour, mais sans lieu où se poser. On y voit des yeux fatigués de tant de deuils, mais qui refusent de se fermer à jamais.

Ce n'est pas une réponse que nous offrons, mais une invitation : à se souvenir, à prendre conscience, à s'unir. Ces poèmes sont des portes d'entrée vers nous-mêmes, pour regarder ce qui est brisé, ce qui a échoué, et chercher des remèdes. Peut-être que nous ne pourrons pas tout réparer d'un coup, mais nous pouvons commencer à parler, à écouter, à changer.

Haïti mérite plus que sa souffrance. Elle mérite l'amour, le respect, la justice. Elle mérite que ses enfants n'aient pas peur de rêver. Et c'est cela que nous mettons dans ces poèmes — pas seulement la douleur, mais aussi la possibilité.

Que ces mots ne meurent pas avec la dernière page. Qu'ils vivent dans nos bouches, dans nos actions, dans nos mémoires. Qu'ils continuent d'éclairer le chemin à venir, jusqu'à ce que nous puissions dire : nous n'avons pas été perdus, nous avons été vivants.

Ces poèmes ne sont pas juste des mots sur du papier. Ce sont des témoignages, des traces, des marques sur l'espérance d'un peuple. Ce sont les visages cachés dans l'ombre, les silences qui criaient en dedans, les rêves tombés avant l'aube.

C'est pourquoi nous ne pouvons pas les laisser dormir dans un livre.

Nous t'invitons, toi qui lis, toi qui écoutes, à partager ce monument.

Partage-le avec tes enfants, avec tes amis, avec ta communauté.

Ce n'est pas chaque jour que nous pouvons tenir dans nos mains la douleur, l'histoire et l'espoir d'un peuple. Ce livre n'est pas une fin, mais un commencement.

C'est une flamme. C'est le moment de réchauffer d'autres cœurs.

Partage-le, fais-en une lumière, fais-en des ailes.

Pour qu'Haïti n'oublie jamais qu'elle a des enfants qui se souviennent d'elle.

Pour que nos voix ne cessent jamais de s'élever — pour Haïti, pour la vérité, pour la liberté.

Tu n'es pas seulement un lecteur. Tu es un témoin. Tu es la flamme.

À toi d'allumer d'autres flammes.

VWA KI SÒTI ANBA SANN

Koleksyon powèm sa a se yon vwayaj nan kè yon nasyon, yon aleretou ant doulè ak diyite, ant esklavaj ak lespwa. Li pa senpleman chita sou sa nou viv, men sou sa nou santi epi sa nou swete.

Se pa t sèlman mo ki te ekri sou papye. Se te soupir kè ki bouyi, se te chagren ki t'ap chèche yon limyè pou sòti. Nan chak powèm, nou tande yon Ayiti ki fatige, ki rache, men ki refize pèdi nannan li. Koleksyon sa a se tankou yon lanmè — kalm pa moman, boulvèse pa lòt. Chak vwa ki leve ladan li, se temwayaj sou yon reyalite ki pa fasil pote, men ki nesesè pou nou konprann ki kote nou soti, pou nou chwazi ki kote n'ap ale.

Pwezi yo pa sèvi sèlman kòm refleksyon sou doulè, yo sèvi kòm zouti pou leve konsyans. Yo mete limyè sou sa ki kache, sou sa ki toujou pase san bri, men ki fè bri andedan. Gen mo ki boule tankou solèy midi, gen lòt ki karese lespwa tankou van dous apremidi. Men ansanm, yo konstwi yon imaj djanm, onèt, ak reyèl sou sa nou ye kòm pèp.

Sa ki plis frape, se jan chak poet antre nan pwòp lespri li pou li mete pawòl sou sa anpil moun pa rive di. Se vwa ki sòti anba sann, k'ap monte san kri, men ak fòs. Fòs lan pa nan bri, men nan verite li.

Nan koleksyon sa a, ou jwenn pami nou ki deside chita, reflechi, e mete pawòl sou papye olye mete vyolans nan lari. Ou jwenn kè ki chaje ak lanmou, men ki pa janm jwenn kote pou poze. Ou jwenn je ki bouke gade dèy, men ki refize fèmen pou toujou.

Se pa yon repons nou bay, men yon envitasyon: pou n sonje, pou n pran konsyans, pou n mete tèt ansanm. Pwezi yo se pòtay kote nou ka pase pou nou rantre nan tèt nou, gade sa ki brize, sa ki rate, epi chèche remèd. Petèt nou pap ka repare tout bagay yon sèl kou, men nou ka kòmanse pale, kòmanse tande, kòmanse chanje.

Ayiti merite plis pase soufrans li. Li merite lanmou, respè, ak jistis. Li merite pitit li yo pa pè reve. E se sa nou mete nan pwezi sa yo — pa sèlman doulè, men posibilite.

Se pou mo sa yo pa fini ak dènye paj la. Se pou yo viv nan bouch nou, nan aksyon nou, nan memwa nou. Se pou yo kontinye eklere chimen ki devan, jiskaske nou ka di: nou pa pèdi, nou te ap viv.

Pwezi sa yo se pa jis mo sou papye. Se temwayaj, se tras, se mak sou lespwa yon pèp. Se chak figi kache nan fènwa, chak silans ki t'ap kriye anndan, chak rèv ki te konn tonbe anvan solèy leve. Se pou sa, nou pa ka kite yo dòmi nan liv la sèlman.

Nou envite ou, ou menm ki li, ou menm ki tande, pou ou pataje moniman sa a.

Pataje li ak timoun ou yo, ak zanmi ou, ak kominote ou. Se pa chak jou nou ka kenbe doulè, istwa, ak lespwa yon pèp nan men nou. Liv sa a se pa yon fen, men se yon kòmansman. Se flanm lan. Se tan pou nou chofe lòt kè.

Pataje l, fè l tounen limyè, fè l tounen zèl.

Pou Ayiti pa janm bliye ke li gen pitit ki sonje li.

Pou vwa nou pa sispann leve — pou Ayiti, pou verite, pou libète.

Ou pa sèlman yon lektè. Ou se yon temwen. Ou se flanm lan.

Se pou ou limen lòt flanm.

À PROPOS DE L'AUTRICE

Dr. Betty Fortunat: Une femme, une force, une flamme qui n'oublie jamais ses racines

Dr. Betty Fortunat n'est pas seulement un nom — c'est un mouvement. Une lumière qui éclaire le chemin des femmes, des enfants et des communautés souvent privées de voix. En tant qu'autrice, éditrice qui ouvre des portes aux voix étouffées, et visionnaire qui transforme les mots en remède, Dr. Fortunat est une figure essentielle de la littérature et du progrès communautaire. Elle est également coach en affaires certifiée, mettant ses connaissances et son expérience au service de sa communauté.

Elle est la fondatrice de **Fortunately Femmes Inc.**, une organisation engagée dans l'autonomisation des femmes par l'entrepreneuriat, l'éducation et l'expression créative. Par ses paroles, elle construit des ponts. Par ses actions, elle transforme des vies. Et à travers ses livres, elle ancre l'histoire de son peuple dans la conscience du monde. C'est à travers cette organisation qu'elle a lancé ce concours spécial de poésie, devenu source d'inspiration et d'expression pour de nombreux artistes créoles.

Sa vision est grande. Son amour pour Haïti est profond. Et l'espoir qu'elle nourrit pour la jeunesse est inébranlable. C'est cette vision qui l'a poussée à lancer un concours de poésie inédit, qui a ouvert un espace d'expression à des jeunes, des adultes, des femmes et des hommes pour écrire l'amour, la douleur, l'espoir et la réalité d'Haïti. Ce concours a donné naissance à ce recueil — une marmite culturelle mêlant symbolisme, mémoire et vérité, en ce mois de mai dédié à la célébration du **Mois du Patrimoine Haïtien**. Un mois où Haïti brille à nouveau sur les pages, dans les cœurs et à travers le monde.

Beaucoup parlent de femmes qui changent le monde. Dr. Betty Fortunat le fait déjà — avec sa plume, avec sa vision, avec tout son cœur. Parmi tous les titres qu'elle porte — coach, docteur, autrice, mentor, épouse, mère — le plus grand est celui de femme engagée pour le changement, et qui n'a jamais peur de se battre pour l'atteindre.

Dans les mains de Dr. Betty Fortunat, les mots ne deviennent pas de simples fleurs: ils deviennent des armes, des outils, des vies.

C'est grâce à sa vision que ce recueil existe.

KONSÈNAN OTÈ A

Dr. Betty Fortunat: Yon Fanm, Yon Fòs, Yon Flanm Ki Pa Janm Bliye Rasin Li

Dr. Betty Fortunat se pa sèlman yon non — se yon mouvman. Yon limyè k'ap klere chemen fanm, timoun, ak kominote ki souvan pa jwenn espas pou yo pale. Antanke otè, editè ki louvri pòt pou vwa ki te fèmen, e vizyonè k'ap mete mo pou sevi kòm medikaman, Dr. Fortunat se yon poto mitan nan literati ak avansman kominotè; epi tou li se yon **coach biznis sètifye** ki mete konesans li ak eksperyans li nan sèvis kominote l.

Li se fondatè *Fortunately Femmes Inc.*, yon òganizasyon ki angaje pou ranfòse fanm atravè antreprenarya, edikasyon, ak ekspresyon kreyatif. Atravè pawòl, li bati pon. Atravè aksyon, li chanje lavi. Epi atravè liv, li ankre listwa pèp li a nan konsyans mond lan. Se atravè òganizasyon sa a li lanse **konkou pwezi espesyal sa a**, ki vin tounen sous enspirasyon ak kreasyon pou anpil atis kreyòl.

Se pa ti vizyon li pote. Se pa ti lanmou li gen pou Ayiti. E se pa ti lespwa li mete nan jenès la. **Se vizyon sa a ki pouse l lanse yon konkou pwezi espesyal**, ki te ouvè pòt pou jèn, granmoun, fanm ak gason mete mo sou papye pou eksprime lanmou, doulè, lespwa ak reyalite Ayiti. Se konkou sa a ki vin bay nesans koleksyon pwezi sa a — yon chodyè kiltirèl ki mele senbolis, memwa, ak verite nan mwa Me sa a, pandan nou selebre **Mwa Eritaj Ayisyen an**. Yon mwa pou Ayiti ka klere ankò sou paj, nan kè, epi atravè mond lan.

Anpil pale de fanm k'ap chanje mond lan. Dr. Betty Fortunat deja fè sa, avèk plim li, ak vizyon li, ak tout kè li. Pami tout tit li pote — coach, doktè, otè, mentò, madanm, manman, — pi gwo tit li se **fanm ki kwè nan chanjman**, epi ki pa janm pè mennen batay pou li reyalize l.

Nan men Dr. Betty Fortunat, mo pa tounen flè; yo tounen zam, yo tounen pyès, yo tounen lavi.

 Se gras a vizyon li ke koleksyon sa a ekziste. E nou tout, kit se lektè, kit se powèt, se temwen travay sakre li a.

REMERCIEMENTS SPECIAUX A NOS PARTENAIRES ET SPONSORS

Nous n'aurions pas pu donner vie à ce recueil de poésie sans les mains tendues, les cœurs ouverts et les visions qui ont su voir au-delà de l'évidence. C'est pourquoi nous souhaitons honorer et remercier tous les sponsors et partenaires qui ont placé leur confiance dans ce projet.

Ils ont cru en la puissance des mots. Ils ont compris la force de la culture. Ils ont perçu la beauté dans la douleur, l'espoir dans la poésie. Grâce à leur soutien — financier, moral et logistique — nous avons pu rassembler les voix de divers poètes pour redonner à Haïti son image, sa force et sa lumière.

Ces sponsors ne sont pas de simples noms ou logos sur du papier. Ce sont des amis de notre vision. Ce sont les piliers qui soutiennent cette brique faite de mémoire, d'amour et d'identité.

Chaque mot dans ce recueil, chaque lettre imprimée, chaque livre qui apporte chaleur au cœur des lecteurs — tout cela a été rendu possible grâce à vous.

Au nom de toute l'équipe, de tous les poètes et de chaque lecteur que ce travail touchera, nous vous disons : MERCI.

Ce n'est pas une dernière page, mais un grand signe de reconnaissance.

L'avenir littéraire d'Haïti s'éclaire — et vous faites partie de cette lumière.

Nous invitons tous les lecteurs à respecter, remercier et soutenir ces partenaires à chaque occasion possible, car c'est ensemble que nous continuerons à écrire cette histoire.

REMÈSIMAN ESPESYAL POU PATNÈ AK SPONSÒ NOU YO

Nou pa t'ap ka mete koleksyon pwezi sa a sou pye san men ki te lonje, san kè ki te ouvè, san vizyon ki te wè pi lwen pase sa ki je ka wè. Se poutèt sa, nou vle onore ak remèsye tout sponsò ak patnè ki te mete konfyans yo nan pwojè sa a.

Yo te kwè nan valè mo yo. Yo te konprann fòs kilti a. Yo te wè bèlte nan doulè a, lespwa nan pwezi a. Gras a sipò yo – finansyèman, moralman, ak lojistikman – nou rive mete ansanm vwa divès powèt pou rekanpe figi Ayiti ak tout fòs li.

Sponsò sa yo se pa sèlman non ak logo sou papye. Se zanmi vizyon nou. Se pilye ki soutni brik sa a ki konstwi memwa, lanmou, ak idantite.

Chak grenn pawòl ki nan koleksyon sa a, chak lèt ki te enprime, chak liv ki t'ap lage chalè sou kè moun — tout sa fèt gras a ou.

Nan non tout ekip la, tout powèt yo, ak tout lektè ki pral touche pa travay sa a, **nou di: MÈSI.**

Se pa yon dènye paj; se yon gwo siy rekonesans.

Avni literati Ayiti ap klere, e ou fè pati limyè sa a.

Nou envite tout lektè yo respekte, remèsye, epi soutni patnè sa yo chak fwa yo ka, paske se ansanm nou ka kontinye ekri listwa sa a.

bazilerolson@yahoo.com

SOINEL DODIN HANDYMAN

No job is too little or too big to handle for house repairs!

Soinel Dodin

TEL. (239) 265-1610   soinel78@gmail.com

I-SPACE 2

2198 Austell Rd Ste #102, Marietta GA 30008
Tel: 770-319-9181

www.ingramcontent.com/pod-product-compliance
Lightning Source LLC
Chambersburg PA
CBHW071144090426
42736CB00012B/2219